LA DONNE

DU MÊME AUTEUR

CHEZ LE MÊME ÉDITEUR

Il faut crier l'injure, roman, 1998 (prix du livre d'Ottawa-Carleton 1999;
prix Christine-Dumitriu-Van-Saanen 1999).
Pour une culture de l'injure (avec Herménégilde Chiasson), essai, 1999.

AILLEURS

En passant (avec Georges Tissot et Serge Fuertes;
dessins de Guy Laliberté), poésie, s.é., 1975.
Temps de vies (dessin de Marc-Antoine Nadeau), poésie,
Éditions de l'Université d'Ottawa, 1979 .
Victor Blanc. La Bête ou Un caprice du temps, théâtre,
Éditions de l'Université d'Ottawa, 1981.
Zinc or, poésie, Vermillon, 1986.
Sur les profondeurs de l'île (*Marquages*, photographies
de Marie-Jeanne Musiol), ballade, Vermillon, 1990.
Le Premier Instant, roman, Prise de parole, 1992.
*Petites incarnations de la pensée délinquante. Propos sur les arts
et la culture*, essai, préface de Pierre Karch, L'Interligne, 1994.
Autobiographies d'un cri, poésie, Vermillon, 1995.
La Voie de Laum, roman, Vermillon, 1997.
J'ai à la bouche une libellule nue, poésie, L'Interligne, 2000.

Pierre Raphaël Pelletier

La donne

poésie

LE Nordir

Données de catalogage avant publication (Canada)
Pelletier, Pierre, 1946-
  La donne: poésie
(Poésie)
ISBN 2-921365-98-7
  I. Titre. II. Collection
PS8581.E3988D66 2000   C841'.54   C00-901477-2
PQ3919.2.P44D66 2000

Correspondance:
Département des lettres françaises, Université d'Ottawa
60, rue Université, Ottawa, Ontario K1N 6N5
Tél. (819) 243-1254 - Téléc. (819) 243-6201
lenordir@sympatico.ca

Mise en pages: Robert Yergeau
Correction des épreuves: Jacques Côté
Tableau de la couverture: Pierre-Paul Cormier, «Et Suzanne disait (peut-être): voici l'oiseau du paradis», acrylique sur toile, 46 cm x 61 cm
Crédit photographique du tableau: François Dufresne
Conception graphique de la couverture: Christian Quesnel

Les Éditions du Nordir sont subventionnées par le Conseil
des Arts du Canada, par le Conseil des Arts de l'Ontario,
par la Municipalité régionale d'Ottawa-Carleton
et par Patrimoine Canada dans le cadre du PADIÉ.

Dépôt légal: quatrième trimestre 2000
Bibliothèque nationale du Canada
© Pierre Raphaël Pelletier et les Éditions du Nordir, 2000
ISBN 2-921365-98-7

À Marie d'Acadie

Il y a un seul plaisir,
celui d'être vivant,
tout le reste
est misère.

Cesare Pavese
Le Métier de vivre

nue
tu te penches sur moi
un divorce
aurait-il mieux
fait les choses?
fausse alerte
le lendemain
on m'escorte en chaise roulante
jusqu'à l'entrée principale
j'ai mis le feu
au domicile conjugal
mon chien m'a pris par la main
je délire
je n'effraie plus personne
je tais l'horreur d'avancer seul
l'amour m'a appris ça
dépasser la mort
quand je crains l'heure
et son activisme

j'entre à jeun
dans le plus vieux métier
du monde
celui du couple
qui tente de se jumeler
à l'incertitude du partage total
que l'on croyait
posséder seul

quand tu prends
par excès
le monde en toi
tu me fais entendre
deux ou trois chagrins
que seule ta détresse
peut jouer au piano

combien de jours
au Lafayette?
peu importe
j'ai l'argent
que l'on réclame
de ceux qui vidangent leur REER
quand on m'oublie
je hurle
on doit s'y faire
puisque je bois seul

ta nudité
s'installe partout
quand tu bois
mon scotch
et la haine
qui vient toute seule

pendu à tes bras
s'ouvre le matin
au petit café
quelques silences
bien compactés
garantissent le succès
de nos personnages
qui déjà portent
le deuil
de la tranquillité

peut-être
que nos blessures
féconderont
l'humilité des choses
à se dire
allons doucement
digérer les somnifères
on entend la mer
qui se cache
à deux mille kilomètres
derrière le calme
je te le jure la lune nous prépare un gâteau

nos désaccords
deviennent trouvailles
que nous nous empressons
de pendre aux lèvres de nos convives
trop tôt partis
ce qui me porte à envier
l'insouciance de mon chien
qui préfère humer l'air
au ralenti

j'ai relevé nos propos
avec des amphétamines
souffrais-je ainsi davantage?
j'espère
que tu me pardonneras
cette initiative

en prendre
plein la gueule
me ramène à la solitude
le chemin le plus court
entre toi et moi

sauve qui peut
ou pas
un beau motel
saurait rendre justice
à mes émois en *hold-up*
pourvu que tu n'exiges pas
un sauf-conduit
me donnant accès
à ton territoire

n'avoir plus rien
tourne au naufrage
que seul ton sexe
manipule si brillamment
dans le corps des truands
qui t'ont tuée tant de fois

Tu lis des mystiques
ces kamikazes contre nature
rompus à la certitude
j'allume une cigarette
et prépare une toux
à ta démesure

je vieillis
sur toi
et je comprends vite
tes apocalypses
lorsque tu me malmènes
par nostalgie

réconcilions
la beauté et ses contraires
ça nous permettra d'échapper
au filet social de nos détracteurs
pourquoi nous tuer avant leur mort?
plutôt miser sur la lumière
ou la face cachée de la lune
faire dérailler
tout ordre du jour
qui contredit
l'immobilité des fleurs
accrochées aux facilités
d'un été indien

on a feint la mort
pire on a haï la vie
on le sait maintenant
une mante religieuse vampirise ton âme
prend tout mon sang
ma colère   ma haine
la démence tangible
après un absolu
aussi expéditif

tu fais le bilan
de l'œuvre
à laquelle tient ta souffrance
plus souffrante qu'avant
tu rappliques
nos nobles dérangements
renoncent à toute possession
de la forme
je refuse la mauvaise donne
pensant guérir autrement
de nos brûlures intouchables

je blasphème
par crainte d'oublier
que ton cœur a trois lunes
des marées
à faire valser nos Atlantides
la vieille idée d'aimer à mort
gagne du temps
d'ici à un an
on retournera
se rouler une guimauve
au-dessus d'une braise
à Cap-Pelé

à Shédiac
tu disparais
chaloupes quelque part
même ivre
je ne peux me soustraire
à la vue de ta souffrance
je bois plus de bières
en ne disant qu'un mot:
demain

dans la vieille ville
on fraternise
on remonte la Grande-Allée
la règle souveraine me dis-tu
c'est de mettre à nos pieds
les rivages qui se détériorent

un mot de trop
je te perds
t'ai-je raconté
les liens de l'avenir
qui accompagnent
le meilleur silence
tout juste
avant de se taire?

ton avenir me manquera
sans doute
une punition
que tu m'infliges
assez bavassé
on se remet à l'agonie
celle à laquelle
tu ne voulais pas t'arrimer
de ton vivant

la morphine aidant
à ton insu
moi aussi j'en prends
partout où nous allons
les grèves de l'Acadie
donnent du plaisir à nos pas
la douleur te veut
elle prend le dessus
sur le vent du jour

l'étrangeté niée
relance
nos confidences
puis les récits trahis
plus fidèles à nous
que toi et moi
respectant nos échecs
j'incarne
ce que je peux
réchapper de toi
ton lyrisme m'épouvante

naturellement
je cherche à triompher
d'une délinquance
propre au plaisir brisé
mais ton outrance
à me banaliser
m'embrase au point
où je pourrais
nous anéantir

ton journal intime
pleure sur tout
ce qui soulage
ton mal
j'arrive même à lire
tes infortunes
depuis la jeunesse
sale imposture
si l'on ne renaît pas
le péril me tue
sous ton indifférence

ta maladie
multiplie les mérites
de mes insomnies
tu me soumets
aux tortures des corps
éblouis par le ravissement lent
du sang qui coule
entre tes doigts

ton pied de nez à la vie
m'a trompé
te verrais-je enfin?
en traversant la rue
au feu-fer rouge
je ne me hâte plus

pour ajouter à ton actif
tu choisis
deux ou trois amants
nous n'avons pas tort
d'avoir raison de la réalité
me dis-tu
au moins avant la fin
nous aurons éprouvé
la poésie qui ne s'écrit pas

j'ai besoin
de sauver ma peau
en dehors de toi
au réveil
tu me reproches
la beauté du désir
d'une autre
l'union
à une fiction
tu me veux entier
moi tout éparpillé

peut-on échapper
aux distances
excitées par tes excès
au bras de quelqu'un
qui me ressemble?
ton abdomen
me possède

par un éclair fin
soufflées en l'air
mille miettes de lumière
s'abattent sur toi
le lendemain
serait à point
si mon rêve pouvait guider
un tel ravage
penser ta souffrance
me faire plus mal
que ton rire
quand tu rages
au fond des mots

tes hanches
prolongent les dunes
leur fou rire
au gré des vagues
venues d'une baie saline
dont la soirée
peut servir d'auberge
à notre bien périssable

à la saison
que la vie jette comme un kleenex
sans se retourner
on évitera le pire
si la route
sur laquelle on se perd
donne des cartes postales
où mes mains
peuvent s'élever
jusqu'à à ton cou

si après tous ces contes
on se refait un peu
au moins
l'un dans l'autre
on n'aura pas dormi
pour rien

aucune surdose
ne vaut
ce à quoi tu crois
l'usure nous confie
à la haute mer
qui te va mieux
la foudre des sens
nous accompagne

je n'ai pas la force
de nos misères
au cours
de nos interminables dialogues
l'automne s'agite
je me rallie
à ton anarchie
combinée à l'espoir de son abcès
les rues autour
redoutent ton chaos

je suis un rêveur en série
un peintre à gageures inutiles
un poète obsédé des mots qu'il mortifie
nos corps n'ont plus besoin de nous
ne nous reconnaissent plus
parce qu'ils redonnent geyser
demain ou un peu après
au besoin que l'on a
l'un de l'autre

mon bonheur reste pris au parc
un jour revient
courir le monde et ses envies
tu t'abreuves
à ses imprévisibles renaissances

la pluie
m'enferme
dans l'invivable
tueur à gages
que je suis
quel désastre
a été nécessaire
à ma faim en toi?

la fragilité déroute
les dernières douceurs
sur lesquelles adolescents
nous repassons
centrés sur l'œil
d'une tumeur
éprise de nos disharmonies

«ne me parle plus
il sera plus facile
de me quitter»
je découvre un monde
qui paraissait me contenir
petites choses
avant le ressac
de ce qui passe vite

une plaie amoureuse
nous a façonnés
à l'écart
du clinquant portable
elle a comblé notre compassion
aux aguets
nous avons renoncé
à l'agitation humaine
une grande initiée
n'aurait pu faire mieux
tu ne m'écoutes plus
suis-je
au menu de l'absence?

ni fin ni commencement
nous sommes
un roman au trou noir
une erreur amoureuse
notre lumière passera
très loin de nous
me prêteras-tu alors
la foi naïve en la mort?
je brûlerai mes heures
à reprendre ton souffle

nous finassons
avec l'impensable
nous n'avons plus les moyens
d'entretenir nos enfers
arrêtons les procédures
nos avocats rédigeront
un nouveau contrat
d'amour réciproque

toute nue
tu te penches sur moi
un divorce
aurait-il mieux
fait les choses?
fausse alerte
le lendemain
on m'escorte en chaise roulante
jusqu'à l'entrée principale
j'ai mis le feu
au domicile conjugal
mon chien m'a pris par la main
je délire
je n'effraie plus personne
je tais l'horreur d'avancer seul
l'amour m'a appris ça
dépasser la mort
quand je crains l'heure
et son activisme

Achevé d'imprimer
en décembre deux mille, sur les presses
de l'Imprimerie Gauvin, Hull, Québec